海外叢書第九種

香港政治之史的考察

何炳松題

植田捷雄著
石楚耀譯

香港政治之史的考察

國立暨南大學
海外叢書第九種

香港政治之史的考察

目錄

譯序

自從十九世紀以來，帝國主義爲爭奪商品市塲，原料產地和投資處所，無不儘量地使用刼掠的佔據，暴力的戰爭政策。而英帝國主義當然也沒有例外，它時常利用各種動亂，乘機向海外發展；結果始有如今日英人口中的「英國國旗所在無日落之處」的豪語。

這種刼掠的佔據，在我國，則促成香港之割讓於英國。當時英國乘鴉片戰爭的爆發，挾其戰勝的淫威，於一八四一年公然將香港佔爲己有。同年二月更布設軍政，宣言爲英殖民地；又於一八四二年八月，締結南京條約，依據該條約第一條之規定，香港就永遠割讓與英國，而變成爲「皇屬」殖民地了。

香港在鴉片戰爭以前，確是一座荒島，除了片葉的漁舟，在那裏徘徊外，一向是不爲國人所注意的。但是自從英帝國主義的鐵腕，伸展到我國之後，便抓住了這爲國人所遺棄的一角。自此以後，香港不僅爲英帝國主義侵略華南的根據地，遠東艦隊的大本營；而且在英國不斷的改進之下，已成爲世界貿易的核心，成爲「東方的馬爾太」，「東方的直布羅陀」了。其對於我國之影響，在政治上則開列強武力割據我國領土之嚆矢；在經濟上則壟斷了我國南方的商務，致使我國南方主要商埠的廣州，不得不退出世界交通的第一線，而陷於經濟的自滅之境地，其影響於我國民經濟至爲重大。而我國受此二者之損失，正不知以道里計！

雖謂我國今日東四省被奪，目前我們民族最大的敵人，並非英國，故對英外交，似宜暫採和親政策，以免在國際上陷於孤立的地位。然而際此遠東風雲日益緊急，加以香港在遠東的政治上、軍事上、經濟上所佔的地位又如此重要，故我人似不能加以等諸閑視的。惟以往關於香港之研究，就中尤其是關於香港政治方面的論述，寥寥無幾，至爲罕見。爰乃將東亞同文書院教授植田捷雄氏所著「香港政治之史的考察」一文譯出，以饗諸讀者。雖然書中所述，不無偏見之處，惟大體上頗具卓見，尤以第三章第三節「對英人主張之論駁」爲著。

末了，此書之譯成，倘能引起讀者的注意，進而對此昔爲國人所不注意的香港，作更深一層的探討，便是譯者一個小小的期望。

譯者識廿五年十一月

譯序

四

香港政治之史的考察

石楚耀

第一章 緒言

香港一名，本來是指現在的香港島之某一地而言；（註一）然而時至今日，已成爲汎稱英國領土的皇家香港殖民地 (Crown Colony of Hongkong)，包括香港島 (Island of Hongkong)，舊九龍 (Old Kowloon)，及英國租借地的九龍半島 (Kowloon Peninsula) 與其附屬島嶼等廣大的地域。香港之經濟的價值，不待言乃爲世界上屈指可數者，是以關於此方面的研究與策論，亦曾經屢爲我們所看到的；然而關於香港之政治的地位，尤其是自從英國割取香港以後，英國遠東政策的動向，也是同樣的具有不可等諸閑視的重要性。關於政治方面的研究，一方面固爲度量狹小的英國殖民政策的資料之缺乏之所阻，但另一方面又因向來對此方面的研究亦寥寥無幾；諸如此類的情形，誠足以使

香港政治之史的考察　二

我們抱懷奇異之感。因之，本文僅着重於政治方面的研究，至於其他各方面的問題則尚須待諸一般論者之研究。

第二章　英國割取香港之沿革

英國割取香港之沿革，幾乎占中英初期外交史之全部篇幅。因之，關於其詳細的史實，亦擱之讓諸史家論述；不過這裏爲敍述上便利起見，且暫摘其概要列述於下。

英國割取香港之沿革，可分爲三期。第一期即自中英關係之初期至割讓香港島，第二期自割讓香港島至割讓九龍，第三期自割讓九龍至租借九龍半島之成立。

第一節　中英關係之初期至割讓香港島

第一期是自十七世紀初期至一八三四年，約二百年；在此時期，英國的遠東貿易悉爲東印度公司（East India Company）所壟斷。該公司於一六一三年，先在日本平戶（在日本肥前北松浦郡平戶島上之邑名，地居長崎之西北。——譯者註）設立商館（Factory），一六二五年又設分館於台灣及廈門，以俾開始試行通商，結果竟獲得意外的成功；於是英人更欲乘此勢，冀經過澳門赴廣州創始貿易。然而當時澳門已被握在葡萄牙人掌中，葡萄牙人既忌強敵之出其左右，對英國勢力之侵入，遂極力加以阻止。但後來因該公司與澳門總督臥亞(Goa)於一六三四年成立妥協，爾特威上校(Captain Weddell)所統率的英船倫敦號始得駛入澳門，繼而該輪又開砲轟擊虎門要塞(Bogue Forts)，始能到達廣州。至是英國遂得於一六三五年七月，開其廣東貿易之先端的特惠。但葡萄牙等諸國對於英國之取得先驅的特權甚爲嫉視，至一六四四年明亡清代之而興起之時，形勢亦隨之大變，英國的廣東貿易亦轉入極端的受難時代。蓋清廷始終抱極端的排外思想，諸凡外族之來朝，悉予以蠻國蠻人之待遇，苟非以進貢之禮，概不予接見，諸如此類規定種種限制以拒絕外人之入境。(註二)加之，當時復乘外人來廣州貿易爲機會，有奸惡官吏及商人團輩出，如海關監督(Hoppe)，官商(Emperor's Merchant)，公行(Co-Hong)等不正當的賄賂，或課以重稅，致使英國商人陷入非常困難之境地。並且當時允許英人通商的辦法，規定英船須先停泊於澳門，由該地先派人至廣州，完納貢物、稅款及手續費，並取得與貿易上有關的其他各種協定之後，始得經過虎門而入廣州從

事貿易。此種貿易，不特手續煩雜，且亦多受限制。（註三）

然而英國對於此類壓迫，毫不介意，仍繼續致力於廣東貿易；一八三三年為謀發展起見，遂斷然實施其對華貿易上之大改革。即於一八三三年一月，英國國會決議自一八三四年四月二十二日起，取消東印度公司以往所獨占的遠東貿易及茶貿易之特權，並規定將此項權利公開於英國人民，任其自由貿易。此項決議案於該年八月二十八日經英皇批准後，則以國會法令的形式而頒佈，同時為謀保護與增進英國人民在中國各港埠所經營的和平貿易之權利起見，又任命中國貿易監督官(Superintendents of the Trade of British Subjects in China)（即相等於領事之職者——譯者註）三名。至於貿易監督官之權限，則為籌出其所需之經費，而徵稅於本國船舶，或制定管理本國商人之條例，或審理在中國領土內及沿岸一百公里內的公海中，英國人民的犯罪；並由此三監督官中推出一具有此項刑事裁判權及海軍裁判權之法廷（Court of Justice with Criminal and Admiralty Jurisdiction）的裁判長；此外如本國人民之間或英人對中國間之糾紛，則

六

居於仲裁的地位，其權能之廣大，幾具全有治外法權上、政治上、司法上的權能（Extra-Territropal, Political and Judicial power)。不過，對兵權的要求，則須避免至情形惡劣達極點時，始可要求。（註四）於是一八三四年遂任命拿皮樓爵士（Lord Napier)，莆洛丁（W. H. Ch Plowden)及台維斯（G. F. Davis）為初任貿易監督官，同時並令其駐在廣州。當三貿易監督官出發時，英國外交部長巴馬斯統爵士(Lord Palmerto）曾再三訓令戒告曰：其在中國之使命，須於上述各種職能之下，以謀保護與增進英國人民之貿易，並注意擴充通商區域；若有擴充此項通商區域之機會，須迅速報告本國政府，同時又須慎重使用武力。是年六月，拿皮樓爵士等經澳門到達廣州時，遵照本國之訓令，擬前往向兩廣總督報告到任，惟清朝官吏的侮蔑態度仍依然未改；兩廣總督堅持非經公行遞送之文書，概不予受理。繼而禁止英國商人之貿易，並下命外國商館之華役一律退出，同時又杜絕英國商館之食料供給。至其原因，相傳謂官吏深恐英國新政策之樹立，將影響其從來恣意所欲的不正當收入之驟然中斷所致。拿皮樓爵士對此種情形極爲憤慨，認爲如欲保持其本國之威嚴，除出於行使武力外，別無他策。是以暫時不得不退回澳門，以俾劃策善後辦法；惟竟於此時罹病而成爲不歸之客了。

一八三四年十月台維斯（Mr. G. F. Davis）——即後來升任爲香港總督的 Sir John Davis——雖繼任拿皮樓爵士之職務，但未幾又辭去此職；至其翌年，即一八三五年之四月，英政府改派魯濱遜（Sir George Best Robinson）以代理貿易監督官之職位。但魯濱遜深感須有運用武力外交之必要，並主張謂如欲謀通商之安全起見，應於沿岸地方取得一適當的島嶼。當時魯濱遜頗屬意於伶仃島（Lintin Island），但後來因發現該島地勢之缺佳，致未見諸實現。

嗣後，英政府又鑒於三貿易監督官地位同等之制度，在推行政策上頗未能統一，於一八三六年遂廢止此制度，新任命義律上校（Captain Elliot）爲正貿易監督官（Chief Superintendent），約翰遜（Johnson）爲副貿易監督官（Second Superintendent）。義律上校於到任之初，一變過去之方針，文書上概以臣下之禮，而用「稟」字，以懇請准許居住廣州，遂得淸廷之詔准，安然到達廣州履新。但翌年一八三七年十一月，因奉本國政府訓令禁止用「稟」字，遂將此事通告中國方面。自此以後，中英關係又再度陷於險惡的境地。適於此時，中國當局厲行禁止鴉片貿易，凡違反法令者概處予死刑，且此項死刑均在英國商館門前執行。進而更包圍商館，絕其糧道，於是中英通商關係又再度陷於停頓狀態。至此，義律上校遂下决心，於一八三八年五月二十四日再率居住廣州英僑全體，退回澳門。中國政府旣知此事，又威嚇澳門政府不得允許英人到澳；於是義律上校亦不得不捨棄避難澳門之計劃，於一八三九年八月二十五日，决定逃避至認爲無論在任何方面均甚安全之地帶的香港。我們如果以今日的眼光來觀察，此舉誠爲造成將來的英屬香港之機會。但我們的預料適與當時義律上校之夢想相反。事實上，當時義律眞意所在，卽在欲與葡萄牙人交涉轉讓澳門，又英人避難初期之香港島，僅爲少數漁民及海賊所盤据之一荒島；（註五）並無若何都市設備，是以此輩避難於香港的英僑亦不得不在船上渡其不方便的生活。然中國方面之加諸英人的壓迫，依然如故，諸如包圍英船，遮斷其糧食之運輸。至是，義律上校遂毅然使用武力，結果雖得以締訂暫定協約，但均未能有何種効果，至一八四〇年中英間之關係竟日趨險惡。此時，英國政府與東印度公司交涉結果，由該公司派布里麥（Sir Gordon Bremer）統率遠征隊，另一方面又由英本國派義律海軍總司令（Admiral Elliot）——（按此人爲義律上校之甥，本名爲喬治義律 George Elliot ——譯者註）赴北京進行交涉；距清廷始終仍以延宕之策相應付，一八四一年一月九日，遠征隊遂破擊虎門。清廷迫不得已，於是年一月十九日，由英國全權代表義律上校與清廷全權代表琦善之間，締結可視爲南京條約之預備條約的所謂川鼻（鼻穿）草約（Treaty of Chuenpi），至該條約之要點則如下：

一、中國須將香港島及香港港，永遠割讓與英國。

二、中國須賠償與英國六百萬元，分六年交付。

三、兩國須以對等地位，直接行正式的交際。

四、廣東貿易須於一八四一年二月一日以後十天內開放。

依此項條約之規定，該年一月二十六日，布里麥提督遂在香港島上陸，在該島丘上插立英國國旗，並發出領有香港島之宣言。一月三十日，義律上校與布里麥提督連名發出告示云：嗣後凡居住香港之人民，應隸爲英國臣民，並受英國官憲之保護。四月三十日又任命威廉·揆因上校(Captain Willian Caine) 爲行政長官 (Chie Magistr ate)。其翌年一八四二年二月六日，繼義律上校之後就任貿易監督官的亨利·坡丁澤 (Sir Henry Pottinger)宣布以香港爲自由港。於是香港的各項建設亦逐見進展，但清廷對上述川鼻草約不予批准，並投琦善於獄，中英關係又重呈惡化。一八四一年二月，英軍又攻廣州，八月之後，已絡續進攻廈門、寧波、上海、鎮江，翌年八月已將迫至南京，清廷不得已遂於一八四二年八月二十九日，由英國全權濮鼎查與耆英、伊里布、牛鑑，在南京締訂和平條約，此即所謂南京條約 (Treaty of Nanking) 其要項則如下：

一、割讓香港。

二、開放廣州、廈門、福州、寧波、上海五港埠，並享有各該地之領事裁判權。

三、中國須交付鴉片賠償金六百萬元，公行之負債三百萬元，戰費賠償金一千二百萬元與英國。

四、廢止公行制度。

五、兩國公文來往之平等。

一八三四年六月二十六日，濮鼎查與清廷全權在香港舉行上述條約之批准交換，並在香港政廳開盛大的慶祝會。當衆朗讀香港特許狀（Charter of HongKong）及皇家委任狀（Royal Warrant）。對此新屬地則命名爲香港殖民地（The Colony of Hong-Kong），新都命爲維多利亞（Victoria），濮鼎查就任首任香港總督，至是英國之領有香港島始完全立定。

第二節　割讓香港島至割讓九龍

第二期，香港總督濮鼎查辭職之後，台維斯(Sir John Davis 一八四四年五月八日——一八四八年三月十三日），喬治•蓬罕（Sir George Bonham 一八四八年三月二十日——一八五四年四月十二日）等先後繼任總督，致力經營初期的建設。然而當時衛生狀況頗爲不良，就中尤以俗稱爲香港熱之風土病猖獗，又苦於颶風大火等天災；加之，犯罪者之日增，尤以海賊之肆行無忌，施政上之困難，不可言狀。結果，甚至有如馬丁（Montgomery Martin）者——殖民地司庫官（Colonial Treasuer）竟大倡特倡放棄香港之論調。（註六）但當時的總督台維斯，斷乎未爲其主張所動，並謂：「如欲期望除去足以阻止發展殖民地初期之諸障害，應需長久之歲月才可」，而依然不放棄其改善政策。

惟自締結南京條約以後，淸廷對外態度，依然仍未改變，是以中英間之不安，不待言亦無法掃除；英國竟又在期望第二次機會之到來，以謀一根本解決。適於此時，即一八五六年十月八日，香港總督鮑林（Sir John Browring 一八五四年四月十三日——一八五九年五月五月日）任內，廣州港內發生所謂亞羅事件（The Arrow Incident）。香港總督鮑林則乘此機會，對於因上述事件而被監禁的英國船隻與船員，以及侮辱英國國旗等事項，要求兩廣總督葉名琛氏正式道歉，但不惟未得圓滿答覆，廣東方面之排外空氣且益爲昂盛，甚至下令居住香港的華人完全退出，於是英國遂決定以武力對付；適於此時法國亦因一八五六年二月傳教師 Chapdelaine 慘殺事件，與中國發生糾紛，英國遂乘機聯絡法國，一面英國全權額爾金爵士（Lord Elgin）於一八五七年九月到達香港，以俟法國全權格洛斯（Baron Gros）之來港；是年十二月十八日開始攻擊廣州，翌年一月佔領該地，並組織英法聯合行政委員會以施行軍政。嗣後該兩全權因欲與北京總理衙門交涉修正條約，於是決定北上；詎中途在白河河口與清兵交戰後，方抵天津。在天津中英兩國則於一八五八年六月二十六日締結中英天津條約，中法兩國則於六月二十三日締結中法天津條約。然而未幾大沽事件發生，一八六〇年七月又發生第二次英法聯軍戰役，同年十月攻陷北京，十月二十七日成立北京條約。此項條約雖係對前訂之天津條約加以增補修正，但英國又獨自獲得一利權，即爲獲得九龍之割讓是。至於英國要求割讓九龍之理由，即藉口謂九龍爲維持香港治安上所必要之地。但在未簽定北京條約之前，即當廣州在英法軍政管轄下之時，英國曾於一八五八年一月派本國領事帕克斯（H arry Smith Parkes)向兩廣總督交涉，要求永久租借九龍半島之一部分。此事迨至北京條約成立，淸廷承認割讓九龍之一部分爲香港之附屬地，而歸英國管轄之後，帕克斯與兩廣總督所訂的租借合同，亦遂予以取消。九龍之割與英國，對於廣東經濟之孤立，不待言乃具有決定的因素。蓋自此以後，英國在九龍致力進行公路、鐵路、船塢、住宅等之建設，以期益加擴大香港之勢力。

第三節　割讓九龍至租借九龍半島之成立

第三期鮑林總督辭職後，魯濱遜(Sir Hercules Robinson 一八五九年九月九日——一八六五年三月十三日），麥唐納（Sir Richard Graves Mac-Donnell 一八六五年三月十五日——一八七二年四月二十二日），堅浧狄（Sir Arthur Kennedy 一八七二年四月十六日——一八七七年三月一日），漢納西（Sir John Pope Hennessy 一八七七年四月二十二日——一八八二年三月七日），鮑温(Sir George Ferguson Bowen 一八八三年三月三十日——一八八五年十二月十九日），波克斯（Sir William Des Voeux

一八八七年十月六日——一八九一年五月七日），威廉•魯濱遜(Sir William Robinson一八九一年十二月十日——一八九九年二月廿一日）等先後繼任香港總督，對香港之發展，均有足以紀念的貢獻。我們如果通觀此時期的香港，一方面雖尙有鴉片之密運，賭博之盛行，海賊之橫行，颶風之襲來，時疫就中尤以鼠疫猖獗，諸如此類之情形仍無法消滅；但另一方面若就其政府組織之日益充實，財政之安定，學校、醫院、公園、郵政局、儲水池、自來水、氣象台、碼頭，燈台等之施設，都市形態的各種設備之逐漸完成；同時又因人口之增加，商業亦隨之興盛，由此均足以窺見當時香港當局致力經營之一斑。在一八九八年，繼任香港總督的布來克(Sir Henry Archnr Blake 一八九八年十一月二十五日——一九〇三年十一月二十一日）蒞香港時（一八九八年六月九日），又藉口謂英國鑒於香港防衛上之必要，及香港商業地域狹隘爲理由，向中國政府租借面積大於香港島約八倍，水域大於香港島約四五十倍的九龍半島及其附屬島嶼與沿海一帶等廣大地域；結果遂如其所願，雙方於一八九八年六月九日簽定關於租借上述區域之條約，租期定爲九十九年。（註七）又依該條約之規定，對於九龍城內之中國管轄權，仍仿照金州、膠州、威海衛等處之舊例，加以保留。原來此種辦法，本非英人所願意，惟以格於形勢，故祇得留待於他日之機會。適於此時卽新總督布來克就任未久之後，依該條約之規定，接收新租借地日期定爲簽定條約之次年四月十七日。當將迫近此日期時，排英運動復起，遂有襲擊英國警察廳之舉。四月十六日香港民政長官乃率兵占領大埔，更於十八日以武力平定租借地境界之深圳。並且英國竟以此次事件爲中國官吏所煽動等理由，遂得以撤除中國所保留之九龍城管轄權，而如其初願，將九龍半島置於英國長期租借之下。

（註一）在英國未割取香港之前，「香港」一名，似乎並未如今日一般人之用以指稱香港島全部。按當時之所謂「香港」者，乃指香港島南部之一主要港，卽與現在的亞伯頓（Aberdeen）之地點相等；而當地的本地族（Puntis）亦咸稱此地爲香江（Heung-Kong 卽 Port of fragrance）。蓋該地有清淨之溪流貫注於沿此港之亞伯頓城（Aberdeen Village）——卽所謂 Shek pai Wan Village 者，且外國船舶亦皆知此溪水之淸淨，屢停泊於此地加水。結果，Heung-Koog（香江）竟被轉記爲 Hong-Kong（香港）；同時此等外國船員又將此本爲一地名之 Hong Kong，誤信爲全島之總稱；而記入海圖中。其後，一八四一年川鼻條約及一八四三年南京條約之簽訂時，其條文中始正式以香港爲全島之名稱。惟今日之香港一名，已不僅指稱香港島而用，甚至汎稱包括九龍在內之全殖民地，此乃爲中外各國人士所公認者。

此外，香港島又有別名，稱爲紅香爐或裙帶路。關於紅香爐（Hung Keong loo）之起源，或者係起自廣東圖志中所云：「九龍尖沙嘴之南，中隔一港，故名；」一語。卽其名起自在九龍之對岸，現在的銅鑼灣（Causeway Bay）東南面之香爐山的名稱。至於裙帶路（Kwantailou 卽

Petticoat string Road）之起源，則有如下二說：

其一，謂當時若遇大風浪時，往往曳船以行，而曳船時必須穿過西盤營（West Point）與羣大路（East Point）之間的一條小路，若由對岸遠望此小路，則宛如山衣圍一細裙帶。另一說則謂英船初到香港島時，由蛋民羣領路，故有此名。

此二說之中，前說似乎比較近於情理。

關於香港語源，此外尚有下列數說、卽：

一、香港一名，由於距亞伯頤約二里之島上，有一「香港仔」（Heung-kong-tsai 卽 Little Hongkong）之地方，故香港一名或由此而來。

二、由香山縣（卽今之中山縣）之名而來者。

三、由一海賊之妻，香姑一名而起者。

四、由紅港（Red Hatbour）一名轉訛者。——參見 R. Montgomery Martin, China,

Vol. II, P. 317

惟上舉數說，大都均屬臆說，故不足以置信。

至於九龍名稱，我們若立於香港島上之維 of 多利亞公園（Victoria Park）遠眺四面，則有九山岳相連；其風景之美，宛如一幅風景畫，而其名稱亦即起於此。

參見：E. J. Eitel, The History of Hongkong, Europa in china, PP. 133-134 • Mayer, The Treaty ports of China and Japan, PP. 1-2.

魏源：海國圖志　卷一

王韜：香港略論

台灣總督官房調查課：華南之商埠，第一編

九八頁——九九頁

森清太郎：廣東名勝史蹟一八五——一八六頁

（註二）關於清室排外情勢特別濃厚之理由，依齋藤博士之見解則如次：

「蓋明室係出自漢族，換言之，卽爲本土之皇室，誠爲中國人之自將中國實際化者。然清室則出自滿洲，其對於構成被支配階級之大部分的漢人，因鑒於人種與人情風俗之相異；於是認爲兩族之融和，勢必不能有心滿意足之結果。因之，對漢人之壓迫，無所不用其極，諸如懷柔漢人之官位，或剝削漢人之利益等。因之，果若此輩一批又一批絡繹不絕於途，而來到中國的歐美諸國人，皆爲漢人之嫡系，則滿人恐不能安枕無憂。所以無形中本能的對歐美人懷猜疑心」。（見齊藤博士：近世東洋外交史序說一九二〇頁）

（註三）見 Eitel, Histoty of Hongkong PP. 1-11.

（註四）見 Eitel, op cit, PP. 27-28

（註五）香港島在未割與英國之前，原屬新安縣之一部分；王朝之興亡或政治文化，對香港均無影響。因之，亦無足以稽考之史實。惟相傳明朝遺臣曾亡命此島，又南宋幼帝亦曾逃避至九龍；今日之宋玉台一名亦由是而來。當時居民爲數甚少，當英人初佔此地時，全島居民尚不及二千；且此諸比之於明代逐漸移住於此島之漢人，在言語風俗方面均各不同，大別可分爲土著，客家，學老等種族。他們大都從事農業或漁業，以渡其自給生活。學老族性甚慓悍，大多業海賊，以擾亂附近海上。（見 Eitel, op. cit, PP. 129-133）

（註六）馬丁（Montgomery Martin）於一八四五年十一月二十八日，向斯坦利爵士（Lord Stanley）所提出之報告書中，曾申述其放棄香港論；至其理由則謂：（見 R. M. Martin, China Vol II PP. 362-364）

一、香港不可爲殖民地——在被限定範圍，且又屬於峨峨然高聳之不毛地帶，對於每日生活上必需品，既無生產之能力；故不論在任何情形之下，實無法期其經濟獨立以獲得莫大收入之希望。

香港政治之史的考察

二、香港不能成爲商業中心地——地理上既處於不利之地位，在貿易方面，廣州及其他中國各地港灣，亦遠勝於香港；且距人多地饒之區域甚遠，而其附近島民及居民，非爲饑餓所迫，即淪爲海賊。英國割取香港後，已經五年，然在貿易上，輸出入均無顯著之成果，反而破費巨額之公私費。且美國人中國人以至無財產的小店主，亦皆趨避不往香港。事實上，英國商人對香港，亦未嘗有所奢望，尤其自從五口通商以後，此種觀念更爲顯著。

三、香港不適於設立要塞——

A.蓋各斷續之高地，或獨立之山嶺，互相牽制；故無法築城。

B.面向港灣內外之香港島之各部份，或爲中國本土，或爲一半屬於英國；所以香港島幾乎完全受中國領土之附近島嶼高地的大砲之控制。

C.香港海岸線爲不規則之凸凹長形，縱令設置單獨或多數砲台，亦不足以資防禦，且受制於非屬英之附近島嶼。

四、香港不足爲陸海軍根據地之用——

A.香港各處均無扼可守，即對珠江亦不能扼守。

B.香港不能保護任何事物——即廣東之茶貿易，亦與香港全無關係而自行經營；至於如欲保護茶貿易，不如遣派一隻軍艦或輪船駐屯於黃浦，其效力必勝過駐屯軍隊於香港。——關於此點，可以舉出當時遣派軍艦一隻於珠江，得以成交相等於英國之一半的貿易的美國人爲例證。

C.將來戰爭必在長江或白河，香港距此等戰場甚遠。

D.對中國之戰爭，大多屬於海戰，而非陸戰；——換言之，即以軍艦爲主要戰鬥工具，決不致以遣派軍隊佔領分散於各地的都市。

E.再就華南英國商船或軍艦之集合地或安全而言，珠江或黃浦之地位，實較香港爲優。

五、香港於政治上有害——理由爲香港位於中國南端，緊接中國本土；故在此種地方建設英國殖民地，不特蔑視中國，且英國之行動亦不絕地受中國之監視。

六、香港對於傳播基督教文明亦無効——島內居民以放逸，掠奪，浮浪爲事，許多愛好和平並能瞭解文明的智識階級，皆居住於華北，華中等地。卽如美國人與其他各國傳教師，雖曾移住至此地，修蓋大規模的教堂及住宅；但如今他們已拋棄他們已往所抱一切希望，離開香港他遷。由此觀之，如欲以香港爲根據地，傳播基督教，勢必歸於絕望。

馬丁根據以上理由，下一結論如次：

「現在香港所進行之建設以至政治上、商業上、財政上、或宗教上等方面，在目前或將來，若果能獲得一些利益，則尚能抵償目前所支出之經費或人力上多大的犧牲。然而若一無所獲，對目前正在進行的各種建設，既知其錯誤而仍不改變，誠爲愚不可及之事。其結果，不特國家徒蒙損失，且勢必使一般人失望」。

（註七）關於英國租借九龍半島之交涉經過，請參閱支那研究第三十四號所載拙著「租借地論」二一頁——二六頁。

第三章　英國割取香港之動機

關於英國割取香港之動機，這裏須有愼重加以研究之必要。英國由於割取香港，以致被認爲割取中國領土的先驅者；但英人向來均極力忌避這種名稱之加諸於他們頭上。（註一）至於英人的理由，雖然也具有相當的根據；但由各方面來觀察，咸信英國之割取香港，實爲英帝國主義最顯著的實證。並且事實上，英國之割取香港，與其他各國在中國所取得的權利，却稍異其趣。

第一節　割讓香港之條約上的理由

先就英國割取香港在條約上的理由而言，則詳載於一八四二年八月二十九日簽訂的南京條約第三條，至其內容則如次：（註二）

「大淸帝國有鑒及大英帝國人民需要並希望一海口，俾作修理船隻及裝卸貨物之用；今大淸皇帝准將香港島給予大英帝國。根據此項條約及條款，給予大英君主暨嗣後世襲主位者，永遠據守，任便立法治理。」

依上條款之所示，英國要求割讓香港所持的唯一理由，卽在於「修理船隻」；爲要求割取領土，竟以這種藉口爲理由，誠足以使人奇異不置。如果單就當時的情勢而言，航海者以獲得修理船隻之地爲必要，殊不足爲怪。不過先此數年，卽一八三三年至一八三六年之間，馬斯遜（Matheson），斯丹頓（Staunton），魯濱遜（Robinson）等在華英國僑商，曾竭力向其政府建議，謂在中國不特須有船塢及貨棧，且更需要一具有不受清室官吏管轄而兼有住宅的保稅貨棧（A Sort of bonded Warehoues, With dwelling houses）；進而更要求建設殖民地。准此以觀，上述所謂「修理船隻之地」，其目的未必則如字義上之所示；故考其用意所在，不外是英人欲藉字句的解釋，以期減輕其蠶食中國領土之誹謗而已。

第二節　英人實際上所主張之理由

然而相傳當時英國人之主張，最初並沒有想取得香港的意思；其所以割取香港，實爲時勢誘致使然。關於此點，若就當時的史實詳細加以檢討，亦有不能等諸閑視之點。今將英人所持主要理由，列舉敍述於下：

一、要求取消不平等待遇

在十七世紀初期以後之二世紀，即英國東印度公司之廣東貿易獨佔時代，因該公司甘受中國輕蔑，並默認以宇宙主權者自負的中國皇帝之傲慢態度，纔得以准其繼續通商。因之，英國商人均甚被輕視，其居住地方亦僅限於廣州城之一隅，即所謂商館內而已。並且又不予英國以平等待遇，雖是英國全權代表，倘非以足下之禮，概不准接見，英國皇帝之肖像或英國國旗亦屢遭侮辱。加之又有貪慾不知足之官吏，經所謂公行（Hong Marchants）之手，對英國商人取得不合法的私利，另方面則以虛報上奏皇帝，俾以掩飾其不法行爲。而此類弊害，與時俱深；如果當時英國對此種情形，能本委曲求全之道，以維持現狀，則必不致發生任何事故。然而事實上却適得其反，蓋當時英國人之間，基於國際平等觀念之自由貿易思想甚盛，皆認東印度公司之獨占貿易爲不合理，結果輿論遂得以制勝；轉而一八三三年竟成爲國會法令（Act of Parliament）以覇氣十足的自由貿易者之一羣代替東印度公司，而取消東印度公司在廣東的獨占貿易。其結果，東印度公司時代的舊制度，不待言乃盡陷於崩潰之運命；但此輩商人均未能獲得中國方面之歡迎，所以中英間之關係亦暫呈斷絕之狀。至此，林則徐氏則代表中國之利益，義律上校則爲保持英國之名譽，與取消不平等待遇，竟出而互動干戈。一八四一年所訂南京條約，遂將此種英人目中之所謂不平等關係復舊正軌；並爲謀中英間將來之結合起見，又將香港割讓與英，於是中英間至此遂暫告一段落。

二、香港爲不得已時所取最後避難地

當時英國亦未料及形勢之變遷，結果竟將當初均未加以注意的香港一地據爲己有。其主要原因，是由於欽差大臣林則徐氏之無規劃的政策與澳門總督賓托（Ariao Accacio da Silveira Pinto）之偏狹的嫉視。蓋林則徐氏自奉君命到廣州後，則以杜絕鴉片貿易與維持舊制度爲政策，採取迅雷不及掩耳之手段，急遽實施其政策。然其政策根本既有錯誤之點，復又忽視英國的國民性；因之，此種手段反使英國人對廣東感到失望，並促成英國人急欲覓得一完全區域之結果。關於此點，一八三八年五月二十三日在粵英國商館內四十二人聯名呈上巴馬斯統爵士（即當時之殿侮交部長）之建議書，可謂最良好的一例證。（註三）該建議書中云：

「蓋欽差大臣林則徐之橫暴，在任何情形之下，已逼得英國商人，不願再赴廣州經商矣。」

至此，英人既不得不退至澳門，但在澳門亦找不到安居之地。因當時林則徐氏又意欲阻止英商之逃避澳門，使其再回到廣州，重新經營於中國有利的貿易。於是遂派兵包圍澳門，又命九龍駐軍威脅香港，斷絕英人糧道，飭命當地華役一律退回廣州；通告賓托總督，禁止其援助英人。因之，向來均默認英人逃避澳門之澳門政府，一面深恐違反中國意旨，致有毀損本國利益之虞，一面又因甚嫉視英人；是以雖未與中國締訂任何特別協定，但對英態度已逐漸改變，結果遂慫恿義律上校率英人退至香港。英人迫不得已，在一八三九年炎熱之夏天，老幼男女爭先恐後的逃至香港。此時每個英人共同的心理，皆深恐食糧之缺乏，又受對岸中國兵之威脅，且須在船上過其不方便的生活。所以當時英人均甚羨慕繁榮之港的澳門，卽做夢也想不到將來竟會在香港建設殖民地。在此種情形之下，義律上校不得不再度赴澳門，懇請澳門總督賓托准許英人避歸澳門，但葡萄牙人仍以保持中立爲藉口，儼然拒絕其所請。然殊不知當澳門總督簽署拒絕英國之要求時，亦卽澳門的繁榮開始衰退之初期，同時又是英國踏上建設香港的第一步。自此而後，香港則成爲英人不得已的避難地，而與其發生關係。

三、英國之要求，在於謀通商貿易上之安全地帶

關於此點，可由英國對中國之要求，或對其本國人民及本國全權之訓令中窺見之。當一八四〇年六月，英國內閣命令布里麥所指揮之遠征隊赴香港，歸義律總司令及義律上校管轄。並訓令兩義律對中國政府要求賠償英人生命財產之損失，其訓令中有云：

「…爲謀適當之安全起見，嗣後英人與中國之貿易，若遇到輕侮及傷害情事，

亦能獲得保護，又他們的商業，亦得以獲得一特殊地位。」（註四）

故其遣派遠征隊之目的，非在與中國交戰；係爲求損害賠償及取得將來之保障而已。因之，英國無論在中國任何地方均無割取領土之野心，此適與義律上校所披瀝之希望相同。並且印度政府之遣派遠征隊於該地時，亦曾經宣稱目的僅在於與北京政府進行和平交涉，兩國全權亦曾因此事，誓言極力避免流血情事。又一八四一年一月二十日，義律上校與清廷全權琦善締結川鼻草約，而約定割讓香港與英國一事，相傳本非義律上校之眞意。關於此點，可由該條約前文之條款（Proviso）中窺見之。——然而深恐此條款將成爲中英間之禍根，而依照英國政府之要求，將其削除。今將削除的部分示之於下：

「……在香港經營商業」，其對大清帝國所負之義務和責任，與在黃浦經營者同。」

由此觀之，當時琦善與義律上校，咸欲以香港爲中英兩國權利同時並行之混合地點

(Hybrid Cross)：，英國雖割取香港之土地，但中國仍可繼續在該地徵收貿易稅。並且香港之割讓與英，固爲琦善所不喜，但亦非義律上校之所欲。尤其是此事之結果，似出於英國商會意料之外，故於割取香港之數年後的一八四五年夏，英商會上呈斯坦利爵士(Lord Stanley）之建議書中有云：

「……如此殖民地之香港，對大英帝國之商人，並未有實際之規定。」

且言外對香港之將來，亦抱有許多憂慮。因之，香港之割讓，不特當地英僑不表歡迎，卽英本國亦未嘗或希望有割取領土之意，而祇希望獲得通商上之根據地已耳。關於此點，可由英外交部尚未得知有上述條約之成立，於一八三四年一月三日致義律上校之訓令中窺見其一斑。

「你所提出之條件，倘將中國東海岸割去一島嶼，給予大英帝國，俾爲英國人之商埠；則英國可允許所有沿海市鎮及縣城等處之商人或居民，得以自由出入該地，與英人貿易，而絕無阻擋或騷擾。」

又關於一八四〇年至四二年間所發生的鴉片戰爭之原因，一部分論者甚至以爲當時英國對中國之利害關係，僅止於貿易上之利益，英國實完全爲鴉片而戰。（註五）然若就當時之情形而言，尤其是就英國以廣州爲奮鬥中心，這一種事實加以觀察，則鴉片問題或爲戰爭之直接機緣；惟考其眞正原因所在，乃在於主張交際權之平等，與獲得住居貿易權。因此之故，一八四二年六月，吳淞上海相繼陷落之後，濮鼎查於接受中國媾和交涉後所發表布告中，除痛詆淸室官吏之不實外，僅欲要求獲得交際上之平等權與要求供給居住貿易上之適當島嶼。又當討論締訂南京條約時，濮鼎查亦曾經述及以香港爲保稅貨棧（Bonded Warehouse）。

四、香港改爲自由港之舉，誠足以反映英國之政策

英國割取香港，絕非止於求本國人民之排他的利益；而實爲謀使集在香港的各國商人，由英國負担保護之責已耳。因之，英國乃以此商業上之新根據地，廣爲開放於各國人，以俾彼等之利用，而定爲自由港；且不問其屬於任何國籍，對於所有一切船隻貨物

，均不徵收進出口稅或港灣稅等爲原則，此項制度誠足以使英人引以自詡者。事實上，英國之以香港爲自由港，固不俟濮鼎查於一八四二年二月六日所發出的自由港宣言，其前已屢有此項意見之發表。即在川鼻草約締結後，義律上校於一八一四年一月二十日之通告（Circular），以及是年二月一日與布里麥提督聯署共同布告時，以及六月七日在澳門所發布告中，均曾申述設置自由港之事。繼而濮鼎查亦曾發出與義律上校同樣的自由港宣言。諸如此類之事實，誠爲一八四二年八月締結南京條約時，對於設立自由港之重要資料。並且此項建議係英國全權對清廷全權表示割讓香港島之意見，迨至翌年一月二十一日，遂以書面通告與英人如次：

「……英國政府據有香港後，不得有不利之影響於中國對外貿易等情事……

「……香港祇可作爲一種貨棧，俾商人得以安全存放其貨物，直至該貨銷售於中國顧客，或運至中國其他海口，或各地方銷售爲止。」

由此可知，在交涉割讓香港島時，事前中英兩國全權之間對於割讓後，將香港改成爲自由港，已成立諒解；而南京條約中第三條之成立，亦可謂以此爲前提。雖謂條約中關於自由港一項，並無明文規定；但事實上，英國於簽訂條約後，卽依照南京條約之規定，而自負起設立自由港之義務。同時，清廷亦立卽下諭准許中國各商埠與香港間之自由交通。至是，自由港的香港，遂成爲歐亞各國間之利益媒介地與融合點，且又成爲香港所以能發展之一大原因。

第三節　對英人主張之論駁

上述各點關係於英國割取香港爲今日之英人所持理由。旣如上述，英國割取香港之動機，在於取消不平等與保持居住及貿易；是以英國所要求者，乃爲通商上之根據地。並且英國最初占領香港時，亦僅認爲暫時的避難地，非欲據爲政治上之根據地；故於割讓香港之後，立卽闢爲自由港而公開於世界，又闢香港爲自由港，卽爲促成香港繁榮之原因。英人此種主張，按之當時史實，固亦具有相當的根據，但這裏所成問題者；卽英國是否始終一貫果無政治上野心，如其所言，專爲通商貿易而爭？英國當時乘風靡全世界的帝國主義潮流，侵非洲於前，而威脅近東，又吞沒印度於後，而迫至東亞；因之，英國果否始終純爲經濟的自由政策而爭；似有疑問。雖謂林則徐氏的鴉片政策之失敗，頗有值得考慮之點；然而如果從消極的方面看來，英國對中國又何嘗沒有充分的制取領土之存心？關於此點，我們可提出下列事實，作爲反證。

一、英國早已有在遠東取得殖民地之論調

英國雖謂制取香港之舉，純係出於受廣東官吏壓迫之避難地，且又爲基於通商上的關係而發生之鴉片戰爭，勢所必然之結果，此外實無其他用意。但事實上，決非偶然的結果。蓋距簽訂南京條約之三十年前，在英國朝野人士之間，已漸有人主張在遠東設立根據地之論調，此項主張逐日益形強化，並且殖民地獲得論，無論在任何方面均成爲有力的主張。其目標並不限於香港，即寧波，杭州，舟山島，澳門，台灣等處，亦均極顯明地被指出爲候補地。例如一八一五年，東印度公司之駐粵督貨官選定委員長（President of the Select Committee of the East India Company's Supercargoes at Canton)

厄爾菲因史東（Elphinstone）曾向該公司理事院（Court of Directors）建議謂：

「公司對中國之交涉，如欲期其進行順利，必項先在距近其首都之東海岸，取得一適當根據地並遣派有力外交全權，又爲使該全權能貫澈其要求起見，須予以充分的海軍力才可。」

此乃爲英國最初主張在中國制取領土者。又曾任職於東印度公司的史丹頓（Sir George Staunton）於一八三三年六月，在英國下院提議曰：

「英國如欲廢止東印度公司，而代以其他新制度；不如脫離廣東官吏之勢力範圍，另在中國東部沿海一帶占領一島嶼，以樹立貿易權。」

此外，又如曾任廣州商館領袖的溫斯頓（Sir F. B. Urmstone），於是年在倫敦發表一種小册子，題目爲「對中國貿易之觀察」（Observations on the Trade of China），一書中謂：廣州爲貿易上最惡劣之地，故應卽放棄。而主張移至寧波或杭州，或其他比較良好的地點，如卅山島等一類的島嶼。然而此種論者，既與東印度公司有密切關係，故其所欲得之所謂良好地點，與其謂爲殖民地，不若謂爲類似於商館之制度。又是年廣州某外報上登載一篇署爲「一個英國商人」（A British Marchant）之匿名論文中云：無論任其採取和或戰之手段，英國已不可再對廣州有所囑望，宜速在寧波或舟山島設立海軍根據地，更進而併台灣取南大澳島（Island of Lantao），並與葡萄牙交涉割讓澳門。繼而拿皮樓於一八〇四年八月十四日致書巴馬斯統爵士時，亦曾申述：「英國無論如何必須以兵占領力香港，蓋該島無論在任何方面，均具有相當價值」云。上述各種事實，乃爲英人最初注意香港者。並且晉濱遜亦曾認爲有獲得根據地之必要；同時又感到所謂暫時退出廣州一類之消極的示威，究竟不易達到目的。因之，曾於一八三六年一月及四月，兩次向巴馬斯統爵士建議，行使武力佔據島嶼，並舉南大澳島及香港島附近島嶼，如伶仃島等爲最適當候補地。另一方面，僑粵英國商人馬斯遜（James Matheson）復將以前愛爾菲斯東之主張，引伸而在倫敦發表一題爲「英國對華貿易之現狀與其趨勢」（The Present Condition and Prospects of British Trade with China）之小册子以倡殖民地必要論。此舉竟予各地協會及商會以異常之衝動，就中尤以格拉斯科東印度協會（Glasgow East India Association），竟對巴馬斯統爵士倡議建設殖民地之必要，而倡議「應趕速以交涉或收買方式獲得島嶼」。再如史丹頓亦於一八三六年，完全放棄其以前所主張之微温的論調；而轉向爲最積極的領土割取論者。他在其所著的「中英關係之觀察」(Remarks on British Relations with China) 一小册子裏，倡言謂：

「在放棄廣州以後，無須再與中國政府交涉，應立卽自行占領沿海之島嶼，蓋在沿海一帶，尙有未受中國政府管轄之島嶼，我們若以善意的獲得島上住民之幫助，則島嶼之取得，亦非難事。關於此點，已有葡屬澳門殖民地爲最良好的先例」。

此外如萊意（G. Tradescant Lay），於一八三六年至三七年之間，在廣州各雜誌與報紙上，屢次主張將過去所舉出之各島嶼，占領爲英屬殖民地等極強硬的論調。然而在另一方面，又有相反的主張和平論之存在；例如一八三六年，有林最（H. Hamilton Lindsay）者，在其所著「中英之關係」（British Relation With China）一文中主張祇要建設二三所臨時貨棧（Floating Warehouses）已足；又有題爲「中英關係之交互關係」（British Intercourse with China）而以「一個僑居於中國者」(A Resident in China）的匿名，由論述宗教爲出發點，主張祇要在廣州設英國領事館；又湯卜遜(Thompson)在其「關於對華貿易之商榷」(Considerations representing the Trade with China)之論文中，亦發表同樣意見。惟此項主張，就當時之情勢而言，究竟仍屬於少數人之意見。由此可知，當時英國朝野人士及一般輿論，均趨於殖民地取得論之傾向；又向來均抱消極政策之英國內閣，終亦爲此趨勢所動，巴馬斯統爵士遂於一八四〇年，致清廷之公文中，正式要求割讓中國沿岸之島嶼，關於此點且擱之後述。由此觀之，所謂取消不平等待遇及確保居住貿易權，固一如英人眼中之係以鴉片戰爭爲英國佔領香港之直接動機。但須知英國在鴉片戰爭當時，早已具有以武力割據中國領土之帝國主義的動機無疑。因之，英國之取得香港，決不是偶然的結果。（註六）

二、割讓香港島之最初提議者爲英國

愛哲爾在其「香港史」中，對於第二次川鼻海戰（卽一八四一年一月初）之情形，據中國史家所述而斷言地說：

「關天培將軍（靖遠砲台司令之水師提督）派李延鈺（威遠砲台司令）至廣東告急請援，琦善不許其所請，徹夜草擬和平提案，託鮑鵬（Pao Pang）持提案送交義律。並允許割讓香港，以充鴉片之賠償，同時又以撤退定海之英兵，爲釋放被囚於浙江之英人之交換條件。」

末了，愛哲爾又大膽下結論云：

「此一節，實爲足以決定其提議以香港割讓於英國之起源，故頗爲重要；換言之，提議割讓香港島者，非義律，而爲琦善。」（註七）

然而此種說法，却與事實不符；蓋事實上却適得其反，要求割讓者實爲義律。按琦善首先因鑒於林則徐之舉措不當，極力敷衍英國之要求，以求和平解決；惟對割地一事則絕對不肯讓步，堅持到底。關於此事，由於蹇容之「中西紀事」所載：

「義律乘舟來往省會，首索烟價，繼又求給香港碼頭，行文照會；且趣相國回文，以服憑信。相國以事關割地，遷延不覆，義律見兵勇漸撤，虎門空虛，數遣人挑戰，相國亟傳諭止之。義律曰：戰而後商，未爲晚也。」

又云：

「義律……脅以三日內回覆之，限相國據以奏聞，其略曰：該逆不候回文，輒行攻擊迫西砲台。」（註八）

並且琦善於道光二十一年正月十一日（一八四一年二月二日）上奏文中又云：「迨本月十五日（一月七日），正在查辦之際，祇緣該夷避處化外，向無紀律，當此夷兵環聚之時，未能約束一致，辦兵情急，占奪沙角砲台，並將大角砲台攻破。」（註九）等語，則得以窺見當時之情形。而英國雖發出通牒，限三日內答覆，但未到三日，竟採取高壓手段，攻擊兩砲台。至此，琦善不得不依英國之要求，承認割讓香港，而假結草約。但此項文件既屬草約之性質，在琦善方面亦認爲對英國之佯言，且又不易上奏，故拒絕簽字。對於當時情形，且錄「中西紀事」中之一節以資證明。

「二十一年正月，相國與義律相見于蓮花城，定香港之約也。初英人挾兵要撫數行文照會，索香港甚力，相國慮虎門失事，佯許之，而未敢入奏。義律度香港未可驟得，續請獻出沙角大角砲台；並遣人赴浙，繳還定海以易之。又趣相國回覆，相國乃以查砲位，義律訂期見焉。義律凡兩見相國，出其所定貿易章程及給予香港全島如澳門故事，相國皆許之。義律又請蓋用關防，相國不可；但傳言屬其安靜守候，一面咨會伊相（伊里布），收復定海，省釋夷浮，一面據其照會，來文附摺陳奏時。」（註十）

然而既與其締約，無論如何躊躇，至終仍必無法拒絕簽字；琦善因欲求清廷之准許起見，遂於二十一年正月二十五日（一八四一年二月十六日）奏明清廷，其奏文中有云：

「……今自該夷遣人赴浙江繳還定海，並將粵省各件獻出，兵船全行退出外洋後，……此地勢之無要可扼也。……此軍械之無利可恃也。……此兵力之不固也，……此民情之不堅也。……交鋒實無把握，……伏望皇上軫念羣黎，恩施逾格，姑爲急則治標之計，則暫示羈縻於目前，即當備剿於將來也。……一而中述中國之地勢，兵力，民情之不可恃，若與英國交鋒，恐無勝利之把握，故不如暫任彼等所爲，以樹將來大計。於此足見琦善處於清廷與義律間之煩惱與苦慮之一斑。（註十一）不料琦善之苦心，竟未獲清廷之寬容，甚至觸犯帝怒，以致被罷免官職。

由此觀之，愛哲爾所述割讓香港之提議，係出自琦善之意等語，無論從任何方面加以觀察，不外爲一種擁護英國之論調，故無論在形式上或實質上，皆屬無意義者。加之，再如上述，在英國朝野人士之間，早已大倡特倡認爲有取得殖民地之必要，且英內閣亦承認此事。如在川鼻條約之前，即一八四〇年二月二十日，巴馬斯統致清廷之公文，以極其巧妙之辭令，要求永久割讓中國沿岸島嶼；故在川鼻海戰時，英國之帝國主義的態度，早已確定。而此時義律之力爭割地，自當不足爲怪之事。並且巴馬新統爵士致清廷之

公文，實開英國正式對中國要求割讓島嶼之先端。至該公文之要點則如下：（註十二）

「……蓋此目的，則在於使英商在華之貿易，不致受制於朝三暮四的北京政府及中國海口之地方官吏；故英政府要求在中國沿海之某一島嶼，或具有相當面積及相當地位之數個島嶼，給予英國全權處理，而永久給與英國作爲英人之居留地及貿易地。蓋彼等（此指英國）之人民在該處，得以避免騷擾，及保持財產之安全。」

同時，巴馬斯統爵士又對義律總司令及義律上校兩全權，發出如下之訓令。

「……若中國政府表示願意代替割讓島嶼，而允許英國人民在各主要地帶設立商館；則第三條所訂割讓香港與英國一節，可予以删去，而易訂一條文插入第一章之第二條與第四條之間。」

愛哲爾雖以上述巴馬斯統爵士之公文，而斷言謂：「割讓香港，未含有建設殖民地之意義。」（註十三）惟未知其此言係根據何種事實，頗使人費解。若係根據巴馬斯統爵士訓令兩全權，有「若中國政府承認英人設立商館，或在內地貿易，則可放棄割地之要求。」之詞立論，則不可不謂不當。蓋須知當上述兩項文件發出之後，巴馬斯統爵士復對兩全權發出訓令云：

「謹覆貴代表之備忘錄如下：在目前情形之下，貴代表所解釋及修正各點，悉照尊意決定及裁決。」

由此以觀，其以巴馬斯統爵士致清廷之公文中所云：英國在中國毫無領土野心等語，亦不外爲一種飾辭，且依此項訓令，英國全權，對於本國政府之訓令，亦具有加以自由更改之權。是故，嗣後替代義律之職位的濮鼎查，於一八四二年締訂南京條約時，不特要求割取香港，且又要求維持英僑在中國各地的居住貿易權。至其所以有如此要求，可謂因其具有此種權限之緣故。

三、割讓後之各種建設，均足以反映英國之政治野心。

英國於割取香港之後，雖 再聲明以此地爲自由港，而誇張其無政治野心之佐證；然而另一方面卻極力進行足以否定此項佐證而有餘之各種建設，茲摘其主要各點於下，以窺見英國如何伸長其政治勢力之一斑。

A　割取九龍

英國併吞九龍，可謂早已預定之行動；其併吞九龍之論調，於割取香港島未多久，已由英國主要官吏，如香港總督鮑林（Sir John Bowring），遠征艦隊司令官和甫•格蘭特（Sir Hope Grant），喀爾喀答艦長荷爾（Captain W. K.Hall）等竭力主張。其所持理由，係藉口謂九龍頗適於商業上及療養地之場所。然其根本目的，則欲以此地爲香港防禦上之海軍根據地，或築成兵營及建造船塢；並謂英國若躊躇不決，勢必落於他國掌中，就中尤恐爲法國所攫去，而竭力求其實現。結果，英國於一八五八年英法聯軍占領廣州時，先命駐該地英國領事派克斯（Harry Smith Parkes），以個人名義，訂立九龍永久借地權，迨至一八六〇年十月二十四日，厄勒（Lord Elgin）締結北京條約，上述合同始取銷，九龍之永久割讓亦於此時成立。又關於英國併吞九龍之目的，純係屬於政治一點，可由英國割取九龍後，軍部代表者格蘭特將軍與殖民部代表者魯濱遜（Sir

H. Robinson）之間，對於使用該地之分配，發生爭執，勝利終歸軍部，而將該地主要部分，劃歸軍用，便可窺知其用意之一斑。

B　租借九龍半島

關於租借九龍半島一事，不待言仍出英國的政治動機。蓋英國對於以前所租借北方之威海衞，已覺其價値之低微，爲補塡此種相抵之利益起見，同時又因受到法國在華南之活躍行爲所刺戟，於割取九龍之後，遂致力謀取九龍半島。最初英國之目的，本擬要求中國割讓九龍半島，嗣後深恐影響諸國，於是改變方針，而決定僅要求租借九龍半島。至英國交涉租借該地時所持理由，則謂九龍半島爲發展香港商業及防禦上所必需之地；但攷其根本原因，厥係由於國際關係之動機無疑。但中國政府對英國之要求，則以英國已租借威海衞爲理由，堅決表示反對；最低限度，對於九龍城內中國管轄權之繼續，及深州大鵬兩灣中國軍艦之利用權，絕對不肯讓步。結果，兩國大有因此事而惹起戰禍之勢。至此英國始示讓步，承認中國所保留上項權利，於一八九八年六月正式成立租借條約。但迨至次年，因該地發生排英運動，英國遂乘機撤銷中國在九龍城內之管轄權。

C　擴充軍事設備

香港島扼珠江之口，全島又蔽以花崗石之斷崖，海拔達一千八百英尺，其為一天然之要害地，即在英人未割取香港前，已為人人所週知者。而英國之割取此島，雖藉通商之名，然實則欲在此島設立軍事上根據地無疑。關於此點，一八四二年六月亞伯丁伯爵(Earl of Aberdeen)致濮鼎查之命令中有云：

「此島僅得作為一軍事區域。如其無此必要，則所有建築物等等，應即停止進行。」

之詞，誠為最有力之證明。果如我們所料，英國自從取得香港之後，公然積極進行充實軍備；尤其是自一八六九年蘇彝士運河(Suez Caral)開通以後，更加增香港在軍事上之重要性。蓋該運河之開通，得使馬耳他島(Malta Islands)及直布羅陀半島(Gibraltar Pen)通太平洋，並以香港為地中海、印度、新加坡及中國海沿岸之軍略綫中心。至此英國遂决心在香港築成堅固要塞，俾成爲第一級軍港。玆將其各種顯著事實，略加說明，以窺見英國眞意之所在。

1 要塞

在西水道，即 Sulpher channel 方面之灣竹州 (Stone cutter's land) 有三座，Pine Wood, Bel cher Point, Flying Point 等處各一座；東水道，即鯉魚門 (Li-E-Mun Pass) 方面，香港旁邊之柴灣 (Sai Wan Hill) 有二座，九龍方面之 Devits Peak 有一座，又按置於港內之要塞，在香港方面之 North Point，及九龍方面之紅磡 (Honghom) 尖沙嘴 (Tsimtsatoni)，Black head Hill 等處各設一座；並且對於常備砲之修理及改換，幾未嘗或輟，其防備之堅固，誠足以誇稱爲遠東之馬耳太島或直布羅陀。又相傳最近（一九三四年），在香港九龍間之小島溫船州，設置地下砲十一座，香港島背面之升旗山，設有地下砲二十四座；九龍方面將築造防空砲台，而傳聞溫船州砲台業已告完竣。諸如此類之軍事設備，或可挽回近年來瀕於衰頹之英國在華勢力。

2　駐屯陸軍

世界大戰前，英國在中國有華北軍與華南軍之兩獨立駐屯軍；前者設本部於天津，後者設本部於香港。戰後兩軍實行合併，以香港爲本部。其兵數不特因時而異，且向極守祕密，確數仍無法探知。據稱平時大約在四千人左右。司令官爲少將級，擁有步兵，砲兵、工兵、輜重兵、軍樂隊，而由本國兵及印度兵編成。

3　海軍根據地

香港既爲英國遠東艦隊之根據地，而占極重要之地位；故凡關於軍事上之諸種施設，無不具備。例如在香港方面，有海軍兵工廠，海軍船塢，海軍專用醫院，酒店，俱樂部等；九龍方面有水雷艇棧庫，儲煤所等，此外在九龍又有香港黃浦船塢公司（Hong-kong & Wampoa Dack Co. Ltd）。該公司於成立初期，即一八八八年至一九〇八年之二十年間，以軍艦之入塢優先權爲條件，每年取得二萬五千鎊之補助金；但迨至海軍船塢完成之後，此項特權遂予以取消。司令長官爲海軍中將級、海軍艦隊每年均在大鵬灣舉行巨砲演習，灣竹州又有小槍靶子塲。

4 義勇軍

自從一八六二年頒布關於義勇軍（Volunteer Corp）之法律，而規定凡居住於香港者，不問國籍之何屬，均得加入義勇軍，一八六四年更進而徵募居住廣東之外僑。繼而於一八九三年頒布義勇軍條例（Volunteer Ordinance），置義勇軍於香港總督監督之下，並隸屬於英本國陸軍部長之管轄。因之，如遇萬一有事時，義勇軍則可在總督指揮下從事軍務；又總督於認爲必要時，得自行召集海防義勇軍（Coast Defence Volunteer）。一九〇五年組織預備義勇軍協會（Valunteer Reserve Association），一九一二年又重新頒布香港義勇軍規則，對一八九三年所頒布義勇軍條例，大加修正及增補。至於海軍義勇軍，則遲遲未見諸實現，延至一九三三年始正式成立。

5 空軍

過去，香港對於空軍均未見有何種設備；然而近年來，英國對此方面，忽然極加注意。例如一九三三年在九龍之啓德濱，經營英帝國航空公司（British Imperial Air Company），開設民營飛機場，並宣傳以公諸一般爲籍口之美名，在該地創辦航空學校，一旦有事時則可改爲軍用化，且又常舉行防空演習。又在一九三五年之三月間，英國航空隊組織部長威爾茜（Wilsi）及新加坡航空隊指揮官斯密司（Smith）相繼來到香港，對於擴充防空設備一事，曾會同陸海軍方面人員開重要會議；而諸如此類之事實，均足以反映香港積極進行空軍設備之一斑。

D 鋪築廣九鐵路

廣九鐵路之敷設，始自一八九九年四月，當時之督辦大臣盛宣懷與英國怡和洋行所締訂合同。依此項合同之規定，一九〇七年三月七日由中英公司（British and China Corporation Ltd）借一百五十萬鎊與中國方面，俾爲建設費之用；同時該公司亦卽開始進行各項工程，英國方面之工程（卽自深圳至九龍，長二十二英里）於一九〇一年十月完成，中國方面之工程（深圳至廣州，長八十九英里）於一九一一年開始通車。惟當該鐵路工程着手進行時，因上述借款合同中，有「中國政府不得再敷設足以與廣九鐵路發生競爭，或損害其利益之鐵路」一條項；當地商人因鑒及此條項之成立，廣州之繁榮必遭受影響，故羣起反對；但英人仍毫不為意，如舊進行築造鐵路工程，卒將此路完成通車。由於此路之通車，香港得以獲得莫大利益，自不待言；反之，廣州則因而逐漸陷於經濟孤立的運命。於是向來廣州在發展通商貿易上，仇視香港之趨向，致此更益加甚。加之，英國更不管中國方面對其感情之如何，一味圖求香港之發展，而無所不用其極。一九二二年之華盛頓會議，雖曾聲明交還威海衛；但同時又提出以經營黃浦港而擴大香港之範圍為交換條件。（註十四）此事因中國方面之不容納，終未成議。迨一九二三年，孫中山先生主張由中國自行在黃埔開港，俾與香港對抗之策略時，英國竟出而自稱願借款與中國。由表面上觀之，此種情形似屬矛盾，但事實上英國則欲以借款為聯絡廣九粵漢鐵路之交換條件。蓋英國深信此項計劃果能成功，則足以抵補由黃埔開港所生損失而有餘，但結果此項計劃亦未獲成功。由上述各種事實，可以明瞭英國對廣九鐵路所抱期望之如何；且其蔑視中國人意思之行動，卒釀成一九二五年至一九二六年，廣東排英大運動之原因。

要而言之，英國對香港所抱眞意，表面上雖呈消極之狀，但事實上對於割取領土一項，可斷言確具有充分的野心。如前面英人所述理由，僅止於消極方面者，而尙不足以表示英人之眞意所在。果若如英人之所言，謂割讓香港之目的，乃在於維持平等權及樹立貿易居住權，則其理由殊尙感不足。英人雖然時常藉口開闢自由港，以掩蔽事實；然而事實所表現的帝國主義形態，恐仍無法可掩飾。因之，香港之爲英國在遠東的政治及軍事上根據地，實爲無法否定之事實。

（註一） Eitel, op. cit, PP, 125-126.

（註二） The Maritime Customs, Treaties and Conventions Etc. Between China and Foreign states, vol. I. P. 352.

（註三） Eitel. op. Cit. 98

（註四）Eitel, op cit. P. 116.

（註五）矢野博士：近世支那外交史，二八三——二八六頁

（註六）Eitel, op. cit PP. 50-61，就中尤以 Chapter VI "The Search for a Colony"

（註七）Eitel, op. cit PP. 121-122

（註八）蹇容：中西紀事（第六卷）——粵東要撫

（註九）影印三朝夷務始末、道光朝（第二十一卷）十頁至十一頁

（註十）仝上「中西紀事」粵東要撫

（註十一）仝上「夷務始末」（等十二卷）十一頁——十六頁

（註十二）H. S. Mores, The International Relations of the Chinese Empir The Period of Con flect (1824-1860) PP. 24, 630-631.
關於由琦善轉呈英外交部長致中國宰相書，詳載於。「夷務始末」

（卷十二）三頁——三十頁，茲摘錄其要點如下：

「因此各緣故，大英國家催討大清國沿海地方，將島地割讓與大英帝國永遠主持，致爲大英人民居住貿易之市，以免其身子磨難，而保其貲貨安當。所割之島，廣大形勢之便，或止一島或數島，皆照大英全權公使所擬也。」

（註十三）Eitel, op. cit. p. 118

（註十四）在一九〇二年前後，香港總督對於在香港築港一事，曾徵諸專家之意見；各專家咸認爲尙能連絡九龍，廣州，漢口等地之鐵路，將來必甚有希望。且果若能於數年內連絡至華北各地，九龍則爲最主要之鐵路終點。（J. Duncan, Report on the Commercial Development of the port of Hongkong, p. 3)

第四章　英國統治下之香港政治組織

第一節　英國統治香港之根本方針

既如上述，英國之割取香港，不僅是以通商上的目的爲出發點；且更具有強有力的政治動機。然而據愛爾西所著「香港史」中的記述，當義律上校於一八四一年締訂川鼻草約之後，被委任爲貿易監督官而開始統治香港時，他所採取的方針則如下數項，並且這種方針遂成爲英國統治香港的基礎方策。（註一）

一、香港應成爲歐洲勢力向亞洲發祥之基點。

二、因此之故，在香港方面，須以要求中國官史維持英國的優勢爲最主要工作。

三、對於香港的建設，不得視爲殖民地(Colony)的建設，僅可認爲英國遠東貿易之根據地。換言之，香港既然不是由於眞實的戰爭而獲得的單純的皇屬殖民地(Crow Colony)，同時也不是由於擴充殖民而取得的殖民地。

四、香港殖民地應該神聖的維護自由貿易，並依照憲政的自由主義以統治住民，俾以期待香港之繁榮。

然而上列各項方針絕非英國統治香港的眞意之所在，此點已如在前章所論敍者。因爲英國對香港的存心，同時又帶有幾分霸道的精神，關於此點可由川鼻戰爭時，義律上校所表示的態度看出來。並且我們更可以舉出義律之被召回國一事，以證明愛哲爾之所言，皆非事實。因爲英國殖民部於義律發表上列根本方針後，認爲與殖民部的主義不符合，遂立將其召回，以示懲戒；改派濮鼎查繼其後任，俾以積極推行英國原有的方針。至是，濮鼎查便遵照本國的命令，堅持採取武力斷壓政策。並且依照南京條約之規定，香港已名符其實的成爲英國的海軍根據地　，而其施政方針亦以形成純粹的殖民地爲目標。所以在南京條約締訂後，香港正式被編入爲皇屬殖民地，也是由此所致。總之，無論任何英人爲其本國辯護，謂英人僅以香港爲商業上的根據地；但實際上香港已成爲英國政治上軍事上樞要之地，且其地位之重要亦與日俱增。因之，如今香港已超過其本來人爲的形態，而變成爲一種難於抑壓的力量（Indomitable Vitality）了。這種事實之構成，其功罪祇得歸於英本國歷代政治家及香港總督。自此而後，香港的政治則在此重大使命之下推進；雖謂時至今日，英國所期待於香港者，與九十年前之昔日，並無若何的差異。

第二節　香港在英國殖民地制度上之地位

這裏，關於間接方面的屬地統治問題，姑且不論；在直轄統治（Direct administration）上的英國殖民地制度有三：

一、皇屬殖民地（Crown Colonies）

二、具有代議制度而無責任政府的殖民地（Colonies possessing Representative institution but not responsible government）

三、自治殖民地（Self governing Colonies）

在此三種制度中，第二種制度在今日始已不成問題，實際上主要者厥爲皇屬殖民地及自治殖民地二種。自治殖民地不但擁有代議制度，給與住民予立法上參政權，此外又有責任政府；英皇僅掌着立法上的否認權，本國政府亦僅有監督總督的權限，對內政均不直接加以干涉，這種制度是在今日殖民地統治法上最爲發達的形式。至於皇屬殖民地，其立法、司法、行政均在本國政府監督下的官吏執行政務的制度，行政權屬於由英皇及英殖民部長所任命的總督，其輔助機關有行政會議(Executive Council)；並且總督又負有立法權的一部分責任，而設有諮問機關的立法會議(Legislative Council)。但立法會議所通過的法律案，英皇保留其否决權。又英皇所頒發的勅命，經樞密院之諮問後，得成爲皇屬殖民地的立法。此外，英國國會亦可以自行制定關於皇屬殖民地的法律。司法權則由英皇所任命的推事執行，但處理末審裁判，則由英國樞密院內的法律委員會執行。

現在，將香港皇屬殖民地的統治組織，分述於次。

第三節　香港總督之權限

關於香港總督的權限，過去曾經有數次的變革。在形式上，首任的總督雖為一八四三年所任命的濮鼎查；但事實上應以締訂川鼻草約後，於一八四一年一月二十九日發表統治香港宣言的義律上校為首任總督。此時，義律上校的地位，一方面是英國駐華貿易正監督官（Coief Superintendent of the Trade of British Subjes's in China），同時又是英國女皇駐華事務官(Commissioner)，和代理人(Procurator)及全權大使(Plenipotentiary)。然而英國自從一八四三年，締訂南京條約後，割讓香港既成為事實，遂立即將香港編入為皇屬殖民地，設立正式的香港總督，任命當時英國駐華貿易正監督官濮鼎查為Governer and Commander in chief of the Colony of Hongkong and its Dependencies，僅將貿易監督官及駐華領事的職務委其辦理外，其他事務均由外交部移至改隸殖民部管轄。因之，總督除辦理上述二種事務外，殆已與外交部斷絕關係。迨至一八五三年十二月二十四日，鮑林總督時代，對此項制度略加更改，將貿易監督官的職務與總督的職務完全分離，而鮑林則兼任駐華全權(H. M. plenipotentiary in China)，貿易正監

督官 (Coief Superintendent of Trade) 及香港總督 (Govener of Hongkong and its Dependencies and Commander in chief and Vice Admiral of the Same)三職●這種兼任制度一直繼續到第八任總督漢納西 (Sir J. P. Hennessy) 時代，於一八八八年一月十九日的勅許令 (Letters Patent) 及同日的附勅令(Instructions)，與一八九六年七月七日的附加勅令 (Additional Instsuctions) 改正這種制度，而產生了如次的現行制度。

一、總督概由英皇親任，並兼任司令官(Commander in Chief) 及海軍中將 (Vice Admiral) ，其任期雖以得英皇的信認爲限，但普通是定爲六年。

二、總督依照英皇的勅令及勅許狀，國務總長的命令及殖民地法律等範圍內，由英皇委任其行使行政會議 (Executive Council)所諮詢的行政事項。

三、總督經立法會議 (Legislative Council) 贊同之下，得制定關於香港殖民地安寧秩序及改善行政等事項的法律，但英皇對此法律，仍保留否認權。又英皇經樞密院之贊同，亦有制定關於香港殖民地法律之權利。

四、總督雖兼司令官及海軍中將，但除特別任命外，無直接統轄英皇的正規軍；至於軍隊的行動，概由駐香港陸海軍司令官負其全責。

五、此外，總督又有土地處分權，任免本國政府保留範圍外的官吏之權限；以及減刑及赦免等權。

第四節 行政會議

總督在執行由勅許狀所賦與的權限時，須諮詢於行政會議。至於行政會議，官吏議員方面計有總督（倘有副總督時則副總督），駐紮軍司令官(General officer Commanng the Troops)、民政長官（Colonial Secretary）、檢察總長（Attorney General）、財務局長（Colonial Treasurer）、公用局長（Director of Public works）、華民局長(Secretariat for Chinese Affairs)等，此外再由英殖民部長呈請英皇任命非官吏議員二名。其任期以英皇的嘉納為限。會議由總督召集，非有總督以外的議員二名以上出席時，不得開會，會議以總督為主席，議事內容亦不公開，其議事記錄，除殖民地政府自行保留而外，另外須呈送一份與本國殖民部。

第五節　立法會議

立法會議由總督(倘有副總督時則副總督)、駐紮軍司令官、民政長官、檢察總長、財務局長、公用局長、警務總監（Captain Superintendent of Police），華民局長，及非官吏議員六人組織而成。非官吏議員中四名由總督任命，其中二人爲具有英國國籍的華人，其他二名非官吏議員，一由商會（Chamber of Commerce）選出，一由治安推事(Justices of Peace)中任命，惟總督於任命此項非官吏議員時，須先由英殖民部長轉呈英皇批准，其任期爲六年。立法會議以總督爲議長，開會法定人數定爲五人以上；該會議的主要任務是制定殖民地法令，各議員均有提出法案之權限。但關於殖民地收支的法律案，則專由總督提出。該會議的開會屬於公開性質的，並須備議事記錄；其所制定的法律，稱爲 Ordinance，且須附註 Enacted by the Governor of Hongkong with the advice and Consent of tle Legislative Council thereof. 等字句。

這裏還有一點值得注意的，即爲殖民地法令與英本國法律的關係。既如上述，英國皇帝所賦予香港總督的立法權，英皇又保留着對殖民地法律的否認權，並須經樞密院贊同，始能制定法律。除此而外，總督的立法權，依英本國法律之規定，在某種程度上仍須受限制。即在一八四三年四月五日的勅許狀中有規定：「現在英國施行的法律，除參酌該殖民地及其住民的情形，而實在難以適用的法律而外，在香港均能發生效力。」由此可以知道當時施行的英本國法律，除了少數特殊情形外，均可適用於香港。不過，上述勅許狀僅屬於一種原則上的決定，至於如何適用英本國法的具體辦法，英本國法庭及香港法庭，事後均未曾議及，及至運用時便很容易發生疑義。迨至一八四六年，香港政廳再公佈「在一八四三年四月五日所施行中的英本國法（但在香港方面於其居民難適用者除外）及英國法庭之習慣，於是日起在香港發生效力。」之法律；至此，自從一八四三年四月五日以後，及今後所制定的一切英本國法，均適用於香港。但是實際上，其後能適用於香港殖民地的許多重要的英本國法，香港立法會議亦不另求辦法，均依照本國法以制定法律而已。故如一八四六年的殖民地法，實際上不僅不能排除一八四三年以後英本國法之適用於香港，且使殖民地法與英本國法相近似；所以香港法庭對於許多案件，爲裁判上便利起見，均採取英本國高等法院的判例爲依準，而這種傾向，至今更益顯著。

第六節　司法制度

香港的司法制度，曾經過多次的改革後而有現行的制度。在英國未取得香港之前，外人來華以後的十九世紀初期，因中國人的中華思想甚爲濃厚，雖則外國軍艦上的案件，就中尤其是關於刑事上的案件，亦概須服從中國的管轄權。然而迨至一八二二年，英國軍艦 Topoze 號的船員爲二中國人所殺害後，始承認英國水兵，就中尤其是英國軍艦船員的刑事案件，承認爲屬於中國法權之外，概不受中國法律之管束。至此，英國遂另派三名中國貿易監督官，依照一八三三年八月二十八日頒布的國會法令（Parliament Act），賦與其中的一貿易督監官以司法上的權能，使其處理關於英國人民在中國領土內或中國沿海一百海里內公海所發生的犯罪案件，並主持具有刑事裁判權及海軍裁判權的法庭。迨至一八四一年川鼻草約成立，義律上校經英國女皇批准之後，在是年一月二十九日的佈告第一號中，發表關於香港司法的制度二種如下：

一、居住香港島的土著及由中國本土移住於香港的中國人，除不受一切拷問外，其他均依照中國法律與習慣辦理。

二、居住香港島或中國的一切人民，雖須受當時中國的刑事與海軍裁判管轄權的審理，但仍享有其於英國法律之法理及實際的完全保障與保護。

這種情形純係由於當時中英兩國文化，根本上之不同所造成的結果；自此而後，英國便藉司法行政力量，逐漸將其移至英國法支配之下。因之，義律上校於二月一日，與布里麥提督聯名簽署的第二次佈告中，宣言凡居住香港島的中國人，今後一律成爲英國人民；並附述以前佈告的適用中國法律習慣外，其他詳細的問題，須受曾經歸屬英國官吏管轄的古老（即地保）之支配。但這種古老制度，因爲沒有多大的良果，故遂予以廢止。至一八四二年，締結南京條約後，英國領有香港已確立，而正式成爲英國的領土，同時又正式取得在華的領事裁判權；英國遂於一八四三年一月四日頒布樞密院令(Order in Council)，將拿比樓爵士以來，事實上已存在的具有刑事及海軍管轄權的裁判法庭(Court of Justice With Criminal and Admiralty Jurisdiction) 正式設立於香港：對於該法庭，並賦予「管轄香港殖民地或中國本土以及其沿岸一百英里內公海中的英國人民」(Jurisdiction over British Subjects residing with in the Colony or on the mainland of China or on the high seas within 100 miles of the Coast there of.)。而此項樞密院令，遂成爲香港現行司法制度的根本原則。(註四)

現在香港的裁判所因受理的案件之內容不同，分爲高等法院，下級裁判所及控訴裁判所之三種。

一、高等法院（Supreme Court）

高等法院由裁判長（Chief Justice）一人及推事（Justice）一人以上而組成。但現在推事祇有一人。該法院所受理的裁判範圍爲民事（Civil），刑事（Crimina），海軍（Admiralty）破產(Bankruptcy)，遺囑檢認（Probate)，精神鑑定（Lunacy）及控訴（Appellate）等案件。關於民事案件的審理，大都與一般的殖民地法（Ordinances）之規定相同；即凡在一千元以上的案件則屬於第一審裁判（Original Jurisdiction），一千元以下的案件，則隸屬於簡單裁判（Summary Jurisdiction）。裁判長及陪審推事（Puisne Judge）概由總督蓋有殖民地官印的特許狀以任命之。（註五）

二、下級裁判所（Lower Courts）

這種裁判所是由民事裁判所（Civil Courts）及刑事裁判所（Criminal Courts）而構成的。前者又分爲土地裁判所（Land Courts）及小額債務裁判所（Small Debts Courts)。土地裁判所設於九龍租借地的北部及南部，以受理關於土地的案件。小額債務裁判所亦設於同一地方，關於土地及小額案件則概由租借地管理官（District Officers）審判。刑事裁判所即俗稱警察裁判所（Police Magistrates Courts），在香港及筲箕灣（Shau-

Kiwan）對岸的一小部分地方設一所，九龍山脈以南的九龍，以及九龍租借地的南北兩部，亦各設一所；各該所均由治安推事（Justices fo Peace）及一名或一名以上的警察裁判官(Police magistrates)組成，以審判違警法規者，而其手續也甚簡單。警察裁判官由總督任命，但九龍租借地則由租借地管理官（District Officers)代行審判。

三、控訴裁判所（Appeal Courts）

控訴裁判所是受理不服高等法院或各下級法庭的裁判，而再上訴的案件；該所審案時均在高等法院內開庭，以高等法院院長爲首席推事，此外又有推事二人至三人。惟其中之一人是被派往駐紮上海，故須俟駐上海的推事回香港時，才能開庭，而每年祇開庭二次。（註六）

四、英本國樞密院內之裁判委員會（Judical Committee of the Privy Council）

依照英國法之規定，英皇是正義的本源；所以最終的裁判權是屬於英皇。但英皇則令由樞密院執行此項職權，在樞密院內設有裁判委員會，以審理各殖民地法院的上訴案件。所以樞密院裁判委員會實爲香港裁判所的終審裁判所。

第七節　文官制度

殖民地官吏之任命，是屬於英國殖民部長的權限；但實際上英殖民部長所任命的官吏僅屬於高級官吏，而下級官吏則概由總督自行任免，高級官吏若有遺缺時，總督須報告殖民部長；如果是先行任命代理者時，亦須將其姓名及官職等呈報殖民部長。又此時總督雖得向殖民部長推薦繼任人員，但殖民部長並無必須採用之義務。

關於文官制度，尤須特加以說明者，厥爲官吏候補員制度（Cadet Scheme），此爲專以養成殖民地官吏爲目的的特別制度，每年在倫敦舉行初次考試，經此考試及格者，則爲 Unpassed Cadet ，各殖民地如遇有缺員時，必先依照及格者的順序，派往其所志願的殖民地，令其在該地學習施政上所必需的語學及被指定的其他學科。至三四年後再舉行最後一次的考試，其及格者稱爲 Passed Cadets，得升任爲殖民地官吏之職。應試資格，年齡須年二十一歲至二十四歲的英國人，經此兩種考試及格後，普通均有昇至殖民地高級官吏之希望。今日採取這種制度的英國殖民地，除了香港而外，尙有印度，錫蘭，馬來聯邦，海峽殖民地等，至於這種制度之在香港，其先驅者則爲第四代香港總督鮑林氏（Sir John Bowring）；他於一八五四年，爲養成駐華領事官，以見習通譯生（Student Interpreters）的資格，由英政府遣派來香港，從事研究中國的語言及領事事務。但是這種制度，不久遂爲各國的領事制度所模倣。在香港，迨至第五任總督魯濱遜（Sir Hercules Robinson）時代（卽一八六一年三月二十三日）更擴大其範圍，規定事務官之精通中國情形者，均得漸次昇至高級官吏，而完全採用候補生制度。這種制度到了麥唐納（Sir R. G. Mac Donnell）及黎涅狄（Sir A. E. Kennedy）時代之後，其基礎更益形鞏固，並且一直繼續到現在。例如最近的香港總督克萊門地（Sir Cecil Clement 一九二五——一九三〇年）卽以候補生的出身者而著名。（註七）

第八節　香港政府之行政組織

香港政府的組織，於總督之下分爲二十八部分，其中最主要者爲行政部（Administrative Department)，包括民政司(Colonial Secritariat)，財務局(Treasury office)，華民司(Secretariat for Chinese Affairs)，港務司(Harbour masters Department)，郵政局 (Post office)，輸出入監督局 (Imports and Exports office)，警務司(Police Department)，監獄司(Prisons Department)等。司法部(Legel Department)由七部分組織而成，即高等法院 (Supreme Courts)，警察裁判所(Police Magistrates Coust)，檢察局 (Attorney General office)。此外尙有醫務局(Medical Department)，衞生局 (Sanitary Department)，教育局 (Education Department)，工務局 (Public Works Department) 等。除了上述各機關外，還有總督的諮詢機關的立法會議及行政會議：此外又有衞生局 (Sanitary Board)，教育院 (Broad of Education)，港務顧問委員會 (Harbour Advisory Cammittee)，勞動顧問院 (Labous Advisory Board) 等官吏議會及非官吏議員的補助機關。(註八)在香港政府成立之初期，即一八四九年前後，文武官員總數僅七十餘人，今則有如上別的各部司局，其高級幹部均屬

英國人，書記以下的僱員則多爲中國人，印度人，葡萄牙人等，其總數達二千人以上。（註九）

（註一）　Eitel, op cit, PP. 291-294

（註二）　Paul S. Reinsch, Colonial Government. PP. 167-168
又日本內務省地方局譯：芝甫爾著殖民地制度論一七頁——二〇頁。

（註三）　Administration Reports for the year 1932. P. 3.

（註四）　Eitel, op. cit. PP. 16-16. 27-28. 164-166. 170-171. 101-188.

（註五）　Administration Reports for the of year 1933. PP. 32-33.

（註六）　Administration Reports for the year 1932. P. 33.

（註七）　Eitel, op. cit. Pp. 300. 365. 422. 481.

（註八）　Administration Reports for the Year 1932. PP. 3-8.

（註九）　關於香港政府的組織及活動的詳細情形，請參照香港政府所出版的下列各書：

Administration Reports.

Hongkong Blue Book.

Estimates of Revenue and Expenditure.

The Hongkong Civil Service List.

Laws of Hongkong.

除上列各書外，並參照各部局所出版各種報告書。

第五章　中國之收回香港運動

香港既爲英帝國主義之產物，一九一二年中國國內倒滿與漢之革命勃發後，收回香港之運動所以成爲反帝國主義運動的目標之一，也是勢所必然的結果。並且關於英國割取香港一事，無論英國方面如何自爲辯解，其行爲之爲中國致命的屈辱，乃無法否認的事實。加之，更因英國之割取香港，以致使廣州不得不退出世界經濟的第一綫，並與香港形成正面的仇敵關係。因此之故，先於一般的排外運動，而在南京條約締訂後未久，不甘放棄香港之廣東朝野人士，發生排英運動亦不足爲怪之事。卽在一八四三，四四年時，事實上廣東官吏已採取阻止對香港的通商，各海港也採取阻止中國人與香港之通商；如有違反者，卽將其留居家鄉之家屬投於獄。並且對於香港政府亦不予以任何援助，例如香港政府最感辣手而無法應付的海盜之肆行，亦拱手傍觀拒絕協助。當時可稱爲排英之典型人物的葉名琛氏，於一八四八年任兩廣總督以後，排英運動日益激烈：他極度嫌惡泰西文化，外人之求見亦一一被拒絕，廣州市內常發現排英傳單，迨至一八五六年十月八日，遂發生所謂亞羅事件。結果，廣州遭了莫大的損失，甚至一時竟被置於英法聯軍之軍政下。然而其後廣東方面的排英運動，仍然不絕；或杜絕對香港之食料供給，或命令中國人退出香港，以期顛覆香港。並且每遇發生一事件，莫不有排英運動。如一八九八年之英國要求租借九龍半島，一八九七年之廣九鐵路合同成立時，均惹起排英運動。

惟上述各種排外運動，既僅以廣東官吏為中心之地方運動，其手段不免有消極與卑劣之感；即就其運動本身而言，亦尚有無統制無組織之嫌。然而自從十九世紀末期的中日之役，中國敗於倭小之東夷的日本，二十世紀初期日本戰勝歐洲之大敵的俄國之後，中國亦由永年的迷夢中醒起，認為如欲挽回過去所受屈辱，唯有樹立立憲共和政體外，別無他圖。因之，首先應打倒使中國陷於窮境之清廷，於是遂掀起革命運動。一九一二年革命成功，遂在國家背景之下開始作恢復國權之對外運動。迨至世界大戰發生之後，歐洲各列強已失去其以往英法聯軍戰後及義和團事件當時之鞏固的結合，一九一七年中國又由於參加世界大戰，而增高了在國際上的地位；一九一五年更因日本提出二十一條要求，加強了中國人民之團結，又一九一七年受了俄國革命的教訓，中國的恢復國權運動，更與世界弱小民族復興運動同呈蓬勃之勢了。

香港既爲英帝國主義過去所造成之產物，其爲此有組織之新民族運動的對象，自不待言；一九一二年革命運動傳至華南各地之後，僑居香港之中國人的民族情感甚爲高漲，各家不僅揭起共和國國旗，慶祝的列隊一變而成爲政治的示威運動，進而更轉爲排英運動。英國官吏大爲狼狽，即行頒布所謂秩序維持法(Ordinance for the Preservation of Peace) 的特別法，以期鎮壓排英運動。但對於已爆發之中國人的民族運動，甚不易於短期內壓平；是年七月甚至有新總督梅氏 (Sir Francis Henry may) 之被刺未遂事件發生，八月有襲擊稅關及九龍警察署之舉，十二月更有因電車上禁止使用中國貨幣，而發生香港電車工人之罷工。（註一一）不過此類舉動之規模尚小，其在有統制有組織之下，堂堂皇皇發動對英之抗爭，厥惟一九二二年一月十二日發生之香港海員罷工事件爲先端。此事件，最初起因於船員方面之要求加薪，而船主方面雖然答應其要求，香港工會代表亦表示接受；但終因廣州工會代表之反對，遂聯合八千船員參加罷工。嗣後罷工運動又改移由廣州方面指導，且得廣州一百餘勞動團體及各界熱心之士的援助，二月一日更有香港碼頭工人，帆船公會，小火輪公會等參加罷工，繼而廣州各種勞動團體亦羣起參加，於是遂成爲廣東政府與香港政府之正面衝突，廣東政府更利用此種機會，煽動排斥英貨運動，使香港之貿易陷於休業狀態。反之，香港政府則查封海員工會，禁止白銀，米，煤等物之出口，停止廣九鐵路之車運，並強制居住香港之中國人操作種種勞動，且極力設法阻止中國人之離開香港等非常手段，雙方相持達五十餘日之久，延至三月四日始告解決。此次罷工之結果，不特使船主方面不能拒絕船員方面之要求，且使香港及廣州之勞動者，增加其對勞動運動之經驗與自信力。旋一九二四年八月，由於英國領事之誤斷是年六月十九日發生於英租界之法屬越南總督梅尼蘭被刺事件之凶手爲中國人

（事實係安南人），遂向廣東方面提出嚴重抗議書，並自行制定取締中國人之嚴酷的條件。因之，居住沙面之中國人，又再度掀起罷工運動，至此英國方面亦不得不讓步，結果使廣東方面益信罷工手段之有効。此外再如一九二三年孫中山先生之黃埔開港計劃•亦可視爲奪取香港繁榮之手段。然而就中國在香港之抗英運動史上最不能忘而值得大書特書者，厥惟一九二五年六月底以後繼續一年餘之省港罷工。此事件係受一九二五年發生於上海之五卅事件之餘波，與是年六月二十四日沙面罷工事件同時爆發。這一次罷工的範圍之大，幾爲前所未曾有；且當時的廣東政府對此事件，亦頗有欲與香港政府決一雌雄之意。其手段先則以罷工的形式開始，至次年二月，則進入第二階段；至此其所採取的手段是經濟絕交的方法，即遮斷香港與廣東省各港間的交通，各船隻如有違反禁令而停泊香港者，則禁止其駛入廣東省各港，以期將香港完全置於封鎖的狀態。不過其範圍，在初期是僅限於船員方面，但不久竟變成爲普遍的反英運動。繼而甚至惹起要求撤廢不平等條約以及平等待遇居住香港的中國人之學生運動，其目的固超出原來爭執的範圍之外，欲將香港及沙面化成爲死港，俾以恢復廣州的繁榮。然而英國爲保持其所謂英帝國的威嚴起見，極力死守香港，以維持其秩序。如是雙方竭盡智力，鬥爭年餘。廣東政府方面雖然沒有優厚的軍力，但專藉其有統制的經濟絕交運動，以與英國相對抗；然而終因時日過久，內部不免發生裂痕，而且資金方面亦日感缺乏；加之，又深恐影響於北伐軍之進展，遂於一九二六年十一月十一日，自動的宣告停止罷工。但是從大體上看來，這次罷工，英人無論在政治上或經濟上均受莫大的損失。而其勝利，實際上則屬於廣東方面。惟自動宣言停止罷工後；尙有一部分主張徹底排斥英國者，仍欲繼續其排英運動，恢復罷工。這種澈底的主張，一時雖具有相當的勢力，但終因北伐軍事倥傯，無暇顧及，以致未克再度實現。(註二)在最近，最値得注意者，厥爲採取新手段，即從關稅方面作收回香港的第一步工作。因爲近年來國民政府爲謀增加關稅的收入，但走私之風甚熾，尤以在自由港制度的香港爲著。因之，於一九二九年遂遣派稅務司梅氏赴香港，與香港政府磋商防止辦法的關稅協定案。當時中國方面本欲以香港爲中國關稅制度的一商埠，諸凡停靠於香港的船舶，中國仍擁有管轄權，並又欲以此種方法為收回香港的第一步驟。但後來因為中國方面不允許香港船舶在中國內河航行的特權，以致未能成功。（註三）

（註一）Historical and statistical Abstract of the Colony of Hongkong, 1841-1930. P. 53.
H. B. Gibbons. The new map of Asia 1900-1919. PP. 64-65.

（註二）一九二五年——一九二六年廣東對英經濟絕交運動（滿鐵調查資料第八十四編）。

（註三）華南之商埠第一編二二六——二二八頁。（台灣總督官房調查課——華南及南洋調查第一八四輯）。

第六章 結論

關於英國的對華政策，尤其是英國割取香港的動機，懷特 (Sir Trelerick Whyte) 在其所著的「中國與列強」一書裏，敍述如次：（註一）

「英國與中國通商，最初並不是最主要的國家；但是它進步得很快，不久就佔着很重要的地位了。倘使不是單獨的話，它的商業經營政策，必定是很積極的。……

雖然最初在香港是獲得土地，而並未依法割讓，但自從這荒島被佔據以後，便成爲世界大港之一了。當時世界各國的商人，都想利用適當的機會，在這裏獲得一個很鞏固的基礎。……

英國向中國投資的歷史，這一切的事實，都很明鮮地出現於我們的眼前。這種貿易，於我們非常有利，我們在遠東，對於這個帝國，自始至終是很不願意放棄的。」

此誠爲英人關於香港所欲言的簡潔名言。英人無時不在極力設法避免被加諸侵略中國領土的先驅者之頭銜。他們用以反駁的唯一理由，則謂英國的政策，始終是爲擁護通商的利益。換言之，英人所持的主要理由，是謂當英國與中國開始通商時，廣州官吏的態度不遜，且極力加以壓迫；他們因不堪於此種壓迫，所以轉而起來大叫打倒不平等。不過，在英人對廣東官吏抗爭的過程中，香港最初本爲英人不得已的避難地，厥後竟不期然而然的成爲英國的領土。因此之故，香港所負的使命，是在以之爲通商貿易上的根據地，進而促成爲東西文化的融合點。並於割取後改爲自由港，遂將荒島變成爲良港，進而逐步完成爲充滿歐洲文明的模範都市，是以英人也常引此以自誇其已完成其應負的使命。（註二）然而我們如果離開國家的感情來評斷英人之所言，則其所列舉諸事殊不足以成爲他們割據香港之理由。按香港之開放爲外國商人之商業上的安全地帶，並供諸僑華外國商人爲避難地之用，又促其成爲歐洲文明傳播於中國之媒介地，諸如此類之效果，固爲不可否認之事實；但有一點不可不注意者：卽在其反面，又帶有極濃厚的帝國主義色彩。這種色彩，在其初期旣如是，卽在現在亦莫不皆然。蓋英國自十八世紀初期以降數十年之間，極力向遠東尋找殖民地，以兵力割佔香港，卽在領有香港之後，又得寸進尺的要求割讓九龍於先，租借九龍半島於後，並將香港建設爲最堅固的軍事根據地，同時又不顧中國方面之反對，完成廣九鐵路，對於此種事實，英人究復有何言以掩飾其行爲呢？加之，英國旣將香港編入爲皇屬殖民地，但對當地的住民，並未給予參政權，其殖民政策之要點，亦祕而不宣，近年來更祕密地擴充軍備；如今香港已揭破了其自由港的假面，而成爲英國在遠東方面的軍事政治上的根據地，而且其重要性亦與日俱增。因之，若以香港爲英帝國主義之所產生，殆非過言。

香港旣在英帝國主義掩護之下，繼續其發展與繁榮；然而須知香港之繁榮與發展，卽爲廣州的致命傷。蓋廣州旣被封鎖河口，而適與香港成反比例，逐漸遠離世界交通的第一線，以致陷於經濟的自滅之悲境。因之，香港之爲英帝國主義的成果，固爲中國方面對香港而發動的排英運動之主要原因，但同時又不能忽視另外一個主要原因，卽由於香港之繁榮與發展，以致使廣州陷於經濟自滅之境地是。所以每因香港而發生的排英運動，至終均常轉爲香港政府與廣東政府的鬥爭，亦卽由此緣故所致。中國方面對香港的反抗運動，雖自英國領有香港以來，幾未嘗或輟；不過在國民革命以前，其手段既無統制，而又無組織，所以反抗之結果，對於英國似無若何影響。然而自從國民革命以後，隨着一般的恢復國權運動之勃興，其手段遂有顯著的進步。於是迨至一九二五——二六年的香港排英運動時，已公然採取最有統制最有效果的「經濟絕交運動」，使英人瞠若不置。但此種經濟絕交運動，與國際聯盟規約中的所謂「經濟絕交」者，稍異其趣。因爲中國向來所發動的「排斥外國」，「抵制劣貨」等運動，已超過純經濟絕交之範圍；其目的在於顚覆外人在華的地位，以期國權之恢復，可謂一種純政治的民族運動。此種運動在軍事設備未達充實之境地的今日之中國，實爲唯一最有效的手段。在軍事上施設尙未達完全整備的中國的民族運動過程中，對於收回香港的抗爭，勢必仍然採取此種手段無疑。

近年來中國的民族運動已逐漸到達成功的境地，但反之近年來的英國則大有趨向於衰退之勢。英國佔有全球四分之一的領土，且均置於其支配之下，惟此乃世界大戰前的情形；今日英國的國際地位，殆已失去昔日之繁榮，而大有落日之概。召開於一九三二年至一九三二年的渥太華會議，誠足以反映此種情形；此外又有南菲聯邦已露出背叛之意，愛爾蘭亦表示不願服從英皇，蘇格蘭之欲獲得自治，加拿大之欲親近美國，印度之繼續作反英運動。加之，世界大戰後又遭到大勁敵的美國之崛起；因之，今後英國是否能夠繼續維持過去二百年來所把持的海上霸權，實爲一大疑問；同時與美國在太平洋上决戰的時機亦日漸迫近了。如此種種情形之表現於中國者，即爲英國勢力之逐年衰退。英國對此甚抱憂慮，急圖挽救方策，或擴張新嘉坡要塞，或充實香港軍備，或屢遣特使至中國，由此數端即可窺見英國的憂慮之一斑。然而在民族運動已到達極堅固的階段的中國，英國的劃策是否能獲得若何的成功，亦是一大疑問。單就一九三三年廣九鐵路運費之改訂一項而言，英國方面已示讓步，且又期望粵漢鐵路之完成；對於此種情形，論者咸認爲英國的敗退。不過，這塊經過九十餘年的歲月而築成的香港，其間雖曾經遭到幾次大規模的排英運動，但至今不特未呈出動搖之狀，且仍保持着其爲「英國王冠最光耀的寶石」之資格。

(註一) Sir Frederick Whyte, China and Foreign Powers, An Historical Review of their Relations, P. 36.

(註二) Eitel, op. cit, Preface and a short Summary. P. 575.

中華民國廿五年十一月付印
中華民國廿五年十二月初版

香港政治之史的考察

譯者 石楚耀
發行者 國立暨南大學海外文化事業部 上海眞如
印刷者 國立暨南大學印務組 上海眞如
總發行所 國立暨南大學海外文化事業部 上海眞如

每冊實價大洋兩角

書名：香港政治之史的考察（一九三六）
系列：心一堂・香港・澳門雙城成長系列
原著：［日本］植田捷雄　原著　石楚耀　中譯
主編・責任編輯：陳劍聰

出版：心一堂有限公司
通訊地址：香港九龍旺角彌敦道六一〇號荷李活商業中心十八樓〇五—〇六室
深港讀者服務中心：中國深圳市羅湖區立新路六號羅湖商業大廈負一層〇〇八室
電話號碼：(852) 67150840
網址：publish.sunyata.cc
淘宝店地址：https://shop210782774.taobao.com
微店地址：　https://weidian.com/s/1212826297
臉書：　　　https://www.facebook.com/sunyatabook
讀者論壇：　http://bbs.sunyata.cc

香港發行：香港聯合書刊物流有限公司
地址：香港新界大埔汀麗路36號中華商務印刷大廈3樓
電話號碼：(852) 2150-2100
傳真號碼：(852) 2407-3062
電郵：info@suplogistics.com.hk

台灣發行：秀威資訊科技股份有限公司
地址：台灣台北市內湖區瑞光路七十六巷六十五號一樓
電話號碼：+886-2-2796-3638
傳真號碼：+886-2-2796-1377
網絡書店：www.bodbooks.com.tw
心一堂台灣秀威書店讀者服務中心：
地址：台灣台北市中山區松江路二〇九號1樓
電話號碼：+886-2-2518-0207
傳真號碼：+886-2-2518-0778
網址：http://www.govbooks.com.tw

中國大陸發行　零售：深圳心一堂文化傳播有限公司
深圳地址：深圳市羅湖區立新路六號羅湖商業大廈負一層008室
電話號碼：(86)0755-82224934

版次：二零一九年三月初版，平裝

心一堂微店二維碼　心一堂淘寶店二維碼

定價：港幣　九十八元正
　　　新台幣　四百四十八元正

國際書號 ISBN 978-988-8582-51-8